Naiem Ahmadinejadfarsangi

Ville Razavi

Naiem Ahmadinejadfarsangi

Ville Razavi

Diplôme d'honneur du Festival Alghuireyeh

Éditions Muse

Imprint

Cover image: www.ingimage.com

Publisher:
Éditions Muse
is a trademark of
Dodo Books Indian Ocean Ltd. and OmniScriptum S.R.L publishing group

120 High Road, East Finchley, London, N2 9ED, United Kingdom
Str. Armeneasca 28/1, office 1, Chisinau MD-2012, Republic of Moldova, Europe
Printed at: see last page
ISBN: 978-620-4-97131-5

Ville Razavi

Naiem Ahmadinejadfarsangi

Table of Contents

Sac plein d'or

Où es-tu, homme Khorasani?

Sa voix venait de derrière la porte. Il sortit sa main de la boue. Un sac plein d'or.

Prends ça et pars, je ne veux pas te voir.

Il l'a pris et est parti.

Ils ont demandé : « A-t-il fait une erreur?

Il a répondu : "Non, s'il me voyait, il aurait honte."

L'invité d'Abed

C'était une montagne, l'imam descendit de cheval, trois cents personnes étaient avec lui. Abed est sorti de sa grotte. Il a vu l'imam, il est allé rencontrer M. John ! Cela fait plusieurs années que je compte les moments pour te voir.

-Pouvez-vous éclairer ma petite chaumière?

L'Imam a souligné. Tout le monde entra dans la grotte.

Abed était abasourdi.

Trois cents personnes rentrent dans sa petite grotte. Il n'avait rien à servir, l'Imam le regarda gentiment : « Apportez ce que vous avez.

Il a placé trois miches de pain et un pot de miel devant l'imam.

L'imam a mis son manteau sur lui et a prié. Après cela, il donna du pain et du miel à tout le monde. Quand tout le monde partit, le pain et le miel d'Abed étaient toujours là.

Un invité amical de l'Imam Reza

L'homme a déclaré : « Ce fut un voyage difficile. Cela a pris un mois» .

L'Imam Reza (AS) a dit : "Bienvenue"!

"Je suis désolé d'être arrivé en retard. Être sans abri m'a obligé à vous déranger à cette heure de la nuit.

L'Imam a souri et a dit : « Ne nous complimentez pas ! Nous sommes une famille hospitalière» .

À ce moment-là, l'huile de la lampe ronde brûlait et sa flamme s'éteignait lentement. L'invité tendit la main pour verser de l'huile dans la lampe, mais l'imam lui rendit lentement la main et remplit lui-même le réservoir de la lampe. L'homme dit : « J'ai honte ! J'aurais aimé ne pas te déranger autant".

Tout en essuyant l'huile de sa main avec un morceau de tissu, l'Imam a dit : Nous ne sommes pas une famille pour déranger nos invités.

Cerf garant

Un chasseur essaie de chasser un cerf dans le désert, et le cerf poursuit le chasseur sur une longue distance et se retrouve sur les genoux de Hazrat Ali bin Musa al-Reza, que la paix soit sur lui, qui se trouvait là-bas.

Le chasseur, qui va attraper le cerf, fait face à l'obstacle de Hazrat Reza, que la paix soit sur lui. Mais parce qu'il considère le cerf comme sa proie et son droit, il insiste pour exiger le cerf. L'imam est prêt à payer plus que le prix du cerf au chasseur pour libérer le cerf. Le chasseur n'accepte pas et dit : "Je veux le même cerf qui est mon droit, puis le cerf parle et dit à l'imam que j'ai deux jeunes lions qui ont faim et qui attendent que j'aille les traire et les nourrir. ". C'est la raison de ma fuite, et maintenant vous devez me garantir à ce tyran qu'il me laissera aller allaiter mes enfants et qu'il reviendra et se rendra au pêcheur"...

Hazrat Reza (que la paix soit sur lui) garantit également le cerf au chasseur et se met sous le contrôle du chasseur en tant qu'otage. Le cerf part et revient rapidement avec les faons et se rend au chasseur.

Le chasseur, qui voit cet accomplissement de la promesse, est bouleversé et se rend alors compte que son otage est Hazrat Ali bin Musa al-Reza, que Dieu le bénisse et lui accorde la paix. Il libéra immédiatement le cerf et se jeta aux mains et aux pieds du Prophète et lui demanda pardon. Hazrat lui accorde également beaucoup de miséricorde et, en plus, ils promettent d'intercéder pour lui au Jour du Jugement auprès de son grand-père et de renvoyer le pêcheur le cœur heureux. Le cerf, se sachant libéré, demande la permission et court vers sa tanière.

Conversation de Sparrow avec l'Imam Reza

Hazrat Reza, que la paix soit sur lui, avait un jardin en dehors de la ville. Parfois, ils allaient se reposer au jardin. Un jour, je suis aussi allé avec M. Vers midi, un petit moineau a sauté d'une branche d'arbre et s'est assis à côté de l'Imam. Le bec du moineau s'ouvrait et se fermait, et des sons muets et incompréhensibles pouvaient être entendus du moineau. C'était comme s'il disait quelque chose avec son gazouillis.

L'Imam, que la paix soit sur lui, a fait un geste et m'a dit : « Sulaiman ! ... Ce moineau a un nid sous le toit du porche. Un serpent venimeux a attaqué ses poules. Dépêchez-vous et aidez-les!

En entendant les paroles de l'Imam, je me suis levé et j'ai ramassé un long bâton tandis que j'étais surpris. J'ai couru si vite jusqu'au porche que mon pied a heurté les marches au bord du porche et il n'y avait plus rien à jeter... J'ai demandé avec surprise : "Comment saviez-vous ce que disait ce moineau ?" L'Imam a dit : "Je suis la preuve de Dieu... N'est-ce pas suffisant ?!"

Un invité amical de l'Imam Reza

L'homme a déclaré : « Ce fut un voyage difficile. Cela a pris un mois. » L'Imam Reza, que la paix soit sur lui, a dit : « Bienvenue ! "Je suis désolé d'être arrivé en retard. L'impuissance m'a obligé à vous déranger à cette heure de la nuit" ; L'Imam a souri et a dit : « Ne nous complimentez pas ! Nous sommes une famille hospitalière« .

À ce moment-là, l'huile de la lampe allumée baissa et sa flamme diminua progressivement. L'invité tendit la main pour verser de l'huile dans la lampe, mais l'imam lui rendit lentement la main et remplit lui-même le réservoir de la lampe. L'homme dit : « J'ai honte ! J'aurais aimé ne pas vous déranger autant. » Tout en essuyant l'huile de ses mains avec un morceau de tissu, l'imam a déclaré : « Nous ne sommes pas une famille pour déranger nos invités ».

Nuages noirs

J'ai secrètement douté de toi. Pas à l'Imam Reza, que la paix soit sur lui ; Non !... Je ne pouvais tout simplement pas croire que les imams innocents pouvaient vraiment tout savoir avant les événements.

Ce matin-là, nous avons quitté Médine avec l'Imam Reza (que la paix soit sur lui). En chemin, j'ai pensé que ce serait bien si je pouvais tester l'imam. J'y pensais quand l'imam m'a demandé : "Hussein !... as-tu quelque chose avec toi pour te protéger de la pluie"?

Je pensais que l'imam plaisantait avec moi, mais quand j'ai regardé son visage, je n'ai vu aucune trace de plaisanterie. J'ai dit avec hésitation : " Vous avez dit pluie ?! Aujourd'hui, il n'y a même pas un seul nuage dans le ciel… » Je n'avais pas encore fini de parler lorsqu'une goutte de pluie tomba sur mon visage, j'étais abasourdi. Quand j'ai levé la tête, j'étais sans voix. Des nuages noirs venaient vers nous de tous les coins du ciel et s'enroulaient quelque part juste au-dessus de nos têtes. Après quelques instants, il a tellement plu que nous avons dû retourner en ville.

Sirop de guara

J'écoutais les paroles de l'Imam. Il faisait chaud et le soleil de midi augmentait l'intensité de la chaleur. La soif était partout en moi. La honte et la modestie de la présence de l'Imam m'ont empêché d'interrompre leur conversation et de demander de l'eau. Au même moment, l'imam a arrêté son discours et a dit : « Apportez de l'eau!

Le serviteur de l'Imam apporta un récipient d'eau et le lui donna. Imam, pour que je puisse boire de l'eau sans gêne, ils ont d'abord bu un peu d'eau eux-mêmes, puis ont tendu le récipient vers moi. J'ai aussi pris le récipient d'eau et je l'ai bu.

Non! je ne pouvais pas Je ne pouvais pas du tout le supporter. Il semble que même l'eau ne puisse pas étancher ma soif correctement. Après avoir bu de l'eau une fois, ce n'était pas bien d'en demander à nouveau. Cette fois, l'imam a regardé mon visage et a terminé son discours : « Apportez de la farine, du sucre et de l'eau.

Lorsque le serviteur apporta de la farine, du sucre et de l'eau à l'Imam Reza, que la paix soit sur lui, l'Imam versa la farine dans l'eau et saupoudra du sucre dessus. L'imam m'avait préparé un sirop. Je ne sais pas si c'est par honte ou par bonheur que j'ai oublié de remercier. Peut-être que je m'étais oublié à ce moment-là. Avec les paroles de l'Imam Reza, que la paix soit sur lui, j'ai inconsciemment tendu la main vers le récipient à sorbet. Le sirop est délicieux. Bois, Abu Hashim !... Bois, cela étanchera ta soif.

Montagne et pot

Nous sommes entrés dans "Muro" avec l'Imam. Nous nous sommes arrêtés près de « Deh Red ». Le muezzin de la caravane regarda le soleil et dit à l'imam : « Monsieur ! Il est midi."

L'Imam est descendu et a demandé de l'eau. Nous avons regardé le désert. Il n'y avait aucun signe d'eau. Nous sommes revenus inquiets. Mais nous étions sans voix. L'imam a creusé de la terre avec ses mains et une source est apparue. Nous sommes entrés dans "Senabad". Il y avait une montagne près de Senabad à partir de laquelle étaient fabriqués des pots en pierre. L'Imam s'appuya sur une dalle de pierre de la montagne et dit au ciel:

"Dieu !... S'il te plaît, la nourriture que les gens cuisinent avec les marmites de cette montagne et bénis ces aliments"!

Je pense que Dieu a fait un commentaire particulier sur la montagne grâce à la prière de l'Imam. Parce que l'imam voulait que nous cuisinions leur nourriture uniquement dans des marmites fabriquées avec la pierre de cette montagne à partir de ce jour.

Le lendemain, après un peu de repos, l'imam s'est rendu à l'endroit où était enterré "Harun", le père de Ma'mun. Les responsables du gouvernement ont annoncé que l'Imam voulait visiter la tombe de Harun, mais l'Imam a déjoué les plans des responsables d'un simple geste. Ce geste consistait à se tenir à côté de la tombe de Harun et à tracer une ligne avec leur doigt sur le côté de la tombe. Alors ils nous ont dit : Cet endroit sera ma tombe... Nos chiites viendront ici et me rendront visite... Et quiconque viendra visiter ma tombe, Dieu lui accordera sa faveur. Ensuite, ils se sont tenus face à la Qibla et ont prié et marmonné des choses avec une longue prosternation. J'avais les larmes aux yeux.

Argent

L'un des compagnons de Hazrat Reza (que la paix soit sur lui) dit : Je lui ai apporté beaucoup d'argent, mais il n'était pas content et je me suis énervé et je me suis dit : Bien que j'aie apporté beaucoup d'argent ; Mais Hazrat n'était pas content.

A ce moment, l'Imam, que la paix soit sur lui, dit à son esclave : Apportez le pot et le bassin, l'esclave obéit, et l'Imam, alors qu'il était assis sur un trône, dit : Versez de l'eau. Dès qu'il a commencé à verser de l'eau sur les mains du Prophète, j'ai vu des morceaux d'or tomber de ses doigts. A ce moment, le Prophète dit : Une personne qui a un tel pouvoir ne se soucie pas de l'argent que vous lui avez apporté pour qu'il soit satisfait.

L'Imam Reza (a.s.) et la tolérance envers les mauvais parents

L'un des frères de l'Imam Reza (que la paix soit sur lui) est une personne nommée Abbas. C'était une personne têtue et mauvaise et il avait une rancune contre l'Imam Reza (que la paix soit sur lui) à cause de la position que Dieu lui avait donnée. Après le martyre de l'Imam Musa bin Jafar (que la paix soit sur lui), ce frère a déposé une plainte contre l'Imam Reza (que la paix soit sur lui) devant le juge de la ville. Il a affirmé que leur père avait écrit quelque chose dans le texte du testament que le 8ème Imam n'avait pas suivi. S'adressant au juge, il dit : (Il y a un trésor caché dans ce testament pour nous. Mais mon frère [Imam Reza] nous en a privé et veut l'utiliser seul).

Après qu'il soit devenu clair que l'affirmation d'Abbas n'était rien de plus qu'une exagération, il s'est adressé avec colère et colère à l'Imam (que la paix soit sur lui) et a calomnié son frère et son père. Cependant, l'Imam Reza (que la paix soit sur lui) a été patient jusqu'au dernier moment. Il dit à ses frères : (Je sais que ce qui vous a poussé à faire cela, ce sont vos dettes. Je paierai toutes vos dettes avec mon argent.) La réponse d'Abbas à cette faveur de l'Imam fut très dure et dégoûtante. Il a dit : (Tout ce que vous nous devez provient de notre propre propriété et notre demande est bien plus que cela.) Cependant, l'Imam lui a quand même parlé gentiment et a prié pour son rétablissement.

Une partie du paradis

Un coin de paradis devrait être comme ça.

Et est-il possible d'avoir un coin de paradis sur terre sans être bondé!?

Il y a toujours du monde là-bas et comme c'est beau que cet état orageux soit toujours dans un état mystique. Lorsque vous arrivez et que vous vous tenez devant le sanctuaire;

quand tu vois les grandes mains se diriger vers le sanctuaire;

Quand vous voyez que le sanctuaire est devenu un point, semblable au centre d'un pilier, comme s'il attirait vers lui tous les objets environnants; Quand vous voyez, même ces œuvres et sculptures aiment être enlevées et aller au sanctuaire, et même toutes les lettres et mots bénis autour aiment bouger;

Quand vous sentez que ce centre de gravité attendait votre arrivée, et quand vous sentez que l'étranger est toujours un étranger et que toutes ces connaissances, toutes ces lumières ne sont pas comme sa patrie;

C'est là que vos yeux bouillonnent et que vos mains se dirigent vers le sanctuaire ; C’est comme si cet étranger avait embrassé l’Occident tout entier dans ses bras bienveillants. Peu importe que vous exprimiez ou non votre besoin; Quand vous dites bonjour, vous sentez que c'est votre patrie.

Vol

Maintenant, fais-moi voler. C'est le moment de nostalgie que mon cœur aspire au loin. Mon cœur est le ciel de ta maison. L'étang dans la cour veut vos fenêtres orientales. Faites un miracle maintenant. En ce moment, mon cœur est en feu. Ma main est destinée à mendier, mes yeux sont le spectacle d'un flot de chagrin, mes désirs sont récoltés dans les regrets sans fin du monde. Mes prières sont avec mes mains baissées dans le lit de la maladie dans la mort. Salutations à vous, docteur ! Ô Messie ! Regardez-moi un instant. Le son de votre intercession devrait apporter de la joie pendant ma période de solitude.

J'ai couru à ta rencontre au milieu de toutes les larmes. Moi, mes prières ont vu votre rêve. Je me sens malade; Ohé, porte à porte, à la recherche de la proie, à la recherche du chasseur, tu regardes le vagabond de l'amour. Je vous ai fait jurer par toutes les demandes. Si la brise souffle sur les parties brûlantes de mon cœur, elle est venue allumer le feu de ta passion. C'est la brise de ton amour qui me couvre. Dans une soudaine solitude. Je dois venir, tu dois ouvrir la porte. Ouvre les ailes de mon vol, sinon ma mort est certaine, ou je suis un terrien insensible. Je n’ai aucune excuse pour de graves erreurs, mais j’ai de nombreuses preuves de votre générosité et de votre miséricorde. Alors connais-moi. lis-moi L'appel passionnant de Raft !

Bénédiction

Nous viendrons à vos côtés, à cette bénédiction sans hésitation. C'est à vos côtés que les jours de la semaine sont remplis de pluie. Les colombes ont des ailes jusqu'au ciel. Les mains des passagers confirment leurs besoins. Le vêtement du pèlerin est la continuation du Royaume. A côté de vous, mon nom est santé, bonheur. Mon cœur est le prochain de Dieu. Mon âme est guérie de la douleur. J'ai pris mon cœur à mains nues et j'ai prié devant toi. Je ne connais pas la Qibla sauf la direction de ton regard, je ne connais pas la réponse aux questions remplies de souffrance sauf le bruit de ta maison. L'automne, qui est les quatre saisons de mes sonnets, s'effondre dans ton pèlerinage miséricordieux. Les feuilles tombées en moi retourneront sur leurs branches à côté de toi. tu me rends heureux Tu me réponds. Vous me dissolvez sous la pluie de l'amélioration de la vie. Je suis très attaché au miracle de vos ancêtres.

Je crois à la couleur du ciel. Je crois aux moineaux de votre sanctuaire. Mon cœur est heureux, les routes qui atteignent Badia Sharq.

J'ai entraîné vos yeux à plusieurs reprises à rêver un jour. J'ai pleuré plusieurs fois. J'ai attaché mes cheveux à toutes les fenêtres de cette cour. Acceptez mon vœu de dépoussiérer tous vos trottoirs avec mes cils. Accepte si soudain mon cœur, mon âme tire une plume de ma poitrine telle une colombe et se tourne vers tes guirlandes. Si je meurs à côté de cette fenêtre en acier, pardonne-moi. Laissez-moi devenir poussière dans les coins du sanctuaire.

Comportement social musulman

Un musulman doit avoir le meilleur comportement social ; Parce que le service de Dieu ne consiste pas seulement en la prière et le jeûne, mais aussi en la bonté et la bienfaisance envers les autres et en un bon comportement social, ce qui est souligné dans les versets et les hadiths. Selon l'Imam Reza (a.s), le meilleur serviteur est celui qui possède de bonnes qualités envers Dieu et l'humanité, et ces comportements sont institutionnalisés en lui sous la forme d'une reine. Lorsque l'Imam Reza (a.s.) fut interrogé sur les meilleurs serviteurs de Dieu, il répondit : Ceux qui sont heureux chaque fois qu'ils font le bien, demandent pardon chaque fois qu'ils font le mal, chaque fois que quelque chose leur est donné, chaque fois qu'ils souffrent et qu'ils sont attrapés. ils sont patients et quand ils se mettent en colère, ils pardonnent.

Créateur et créé merci

Dans le récit précédent, la gratitude est soulignée comme l'une des caractéristiques des meilleurs serviteurs. Cette gratitude n'est pas spécifique au fait de remercier Dieu, mais un bon serviteur est celui qui remercie tous ceux qui ont fait le bien et qui rend grâce verbalement, du fond du cœur et par l'action. Fondamentalement, selon l'Imam Reza (a.s.), celui qui ne montre pas de gratitude envers le serviteur ne montre pas de gratitude envers le créateur. Le Saint Prophète (PSL) dit : Celui qui ne remercie pas et ne remercie pas les gens qui ont les bénédictions et la bonté n'a pas remercié le Dieu Tout-Puissant.

Une personne qui ne fait pas preuve de courtoisie et de gratitude envers le bienfaiteur présent et témoin ne sera naturellement pas polie et reconnaissante envers le bienfaiteur absent qui n'est pas vu dans le monde de l'intuition et de la matière.

Il est rapporté de l'Imam Reza (a.s.) qu'il a défini la gratitude comme suit : une personne qui est protégée par l'un de ses frères religieux pour quelque chose, mais qui, bien qu'elle en soit capable, ne lui offre pas d'abri et ne fait rien pour elle, est sous le contrôle de Dieu Tout-Puissant. a coupé.

Répondre aux émotions et aux sentiments avec votre conjoint et vos amis

L'homme est un être social ; Parce qu'il a besoin des autres d'un point de vue émotionnel ainsi que du point de vue de la satisfaction de ses besoins matériels et mondains. L'homme ne peut pas vivre seul et c'est pourquoi Dieu a placé un conjoint sur chaque être humain afin qu'il puisse trouver la paix à ses côtés.

Bien entendu, les émotions humaines ne s'expriment pas seulement dans un couple, mais certaines de leurs dimensions se réalisent avec les enfants et d'autres avec des amis, etc. Le conteneur des émotions humaines est très vaste et ce conteneur doit être rempli de toutes les causes et facteurs appropriés. Par conséquent, la meilleure vie est celle qui est complète en termes de confort et de paix, et de la même manière que ses besoins matériels sont correctement satisfaits, ses besoins émotionnels et psychologiques sont également correctement satisfaits. L'Imam Reza (a.s.) a prêté attention à ces deux principes du bonheur et à ses composantes fondamentales et s'y réfère comme exemple dans un récit en réponse. Il est rapporté : On a demandé à Hazrat Reza (AS) : Quel est le meilleur bonheur et plaisir au monde ? Fermoud : Une maison spacieuse et de nombreux amis. Bien sûr, il peut être facile de se faire un ami, mais il est très difficile de le garder et d'être stable dans l'amitié. Ainsi, si quelqu'un peut avoir des amis constants ou s'apprécier lui-même et cet ami. Cette relation stable fait qu'une personne ressent une proximité et une parenté avec une autre personne d'une manière qu'elle n'éprouve pas avec certains proches. Ibrahim ben Abbas dit que j'ai entendu Hazrat Reza (a.s.) dire : " Une amitié de vingt ans est comme une parenté. " Et s'il trouve une telle épouse qui sera son amie et son aide, il aura la meilleure vie. Il est rapporté de l'Imam Reza (a.s.) : Un serviteur croyant n'a reçu aucun bénéfice meilleur qu'une bonne et digne épouse qui est une source de bonheur pour son mari lorsqu'il est présent et un gardien de son honneur et de sa richesse dans son absence.

Divertissement sain

Dans la vie, les êtres humains ont tendance à vivre heureux et à s'éloigner de la tristesse et du chagrin. L'homme musulman ne s'intéresse pas à la tristesse et au chagrin, mais la joie et le bonheur font toujours partie de sa vie. Par conséquent, s'il trouve une calamité dans sa vie ou dans celle de ceux qui l'entourent, il ne désespère pas, se soumet au décret de Dieu et est patient.

De plus, bien qu'un croyant ne se livre pas aux jeux du monde, ce n'est pas pour cela qu'il abandonne les choses permises et halal et n'en profite pas, mais il prend plutôt sa part des bonnes choses du monde et vit joyeusement et confortablement et il bénéficiera de la paix que Dieu lui a donnée.

Il est dit dans les versets et les traditions qu'un divertissement sain n'est jamais contre la servitude et le fait d'être musulman, et même le Prophète

(PSL) avait l'habitude d'aller se promener avec le Commandeur des Croyants, Ali (AS), et ils voyageaient et amusez-vous dans le jardin et plaisantez entre vous en disant que l'histoire de manger du rutab et son noyau est très célèbre. L'Imam Reza (a.s.) a souligné la question d'un divertissement sain et a dit : Tirez profit du monde pour vous-même, en lui donnant les désirs de votre cœur de manière halal, dans la mesure où cela ne détruit pas le mérite et qu'il n'y a pas de mérite. en cela, cherchez de l'aide dans les œuvres de la religion.

Respect aux parents

Dans le mode de vie islamique, il est souligné qu'il faut respecter les parents et être gentil avec eux, surtout dans la vieillesse, et que l'enfant sans espoir doit servir et laisser de côté les grognements et ne pas laisser de trace sur son travail.

Respecter les parents est l'une des obligations islamiques. Dans son mode de vie islamique, l'enfant doit assumer la responsabilité du travail de ses parents et ne pas les priver de son amour et de son affection, les laisser tranquilles et ne leur rendre visite qu'occasionnellement. L'Imam Reza (a.s.) dit à propos d'honorer et de respecter le père : Que ce soit à vous d'obéir à votre père, de lui faire du bien, d'être humble et respectueux envers lui et de baisser la voix en sa présence.

À cet égard, le Saint Prophète met l'accent sur Salah Rahm et le considère comme l'une des causes de l'augmentation de la vie et dit : Parfois quelqu'un prie Salah Rahm, alors qu'il lui reste trois ans dans sa vie. Dieu (à cause de cet acte) fera que le reste de sa vie durera trente ans et Dieu fera ce qu'Il veut. Bien entendu, il a aussi précisé les limites de l’obéissance aux parents ; Comme mentionné dans les écrits de l'Imam Ma'mun : La bonté envers les parents est obligatoire, même s'ils sont polythéistes, mais il n'y a aucune obéissance à leur égard dans le sens d'un péché contre le Créateur.

Socialiser et interagir avec les gens

Dans le mode de vie islamique, une attention particulière a été accordée à la manière d'interagir avec les gens et de socialiser avec eux, et les relations entre chaque personne et les autres dans diverses dimensions sociales ont été expliquées et décrites en fonction des rôles. C'est ainsi qu'il enseigne à chacun comment se comporter dans le rôle de père, de fils, de mari, d'ami, etc., pour être le meilleur .A titre d'exemple, l'Imam Reza (a.s.) parle d'interagir avec les autres dans divers rôles : avec le dirigeant, fréquenter avec prudence, avec les amis, avec humilité, avec l'ennemi, avec vigilance et abstinence, et avec le grand public avec agrément. Un croyant ne doit pas essayer de dominer le peuple, mais se considérer comme un serviteur du peuple et être au service. C'est ainsi que les musulmans regardent les autres. Mouammar ben Khalad a mentionné un homme à cet imam et lui a dit qu'il briguait la présidence. Le Saint Prophète a dit : La présence de deux loups voraces dans un troupeau sans berger n'est pas aussi nuisible que de chercher à diriger la religion d'un musulman!

Il a également dit à propos de l'aide aux faibles : La meilleure forme de charité est d'aider les faibles. Bien sûr, une personne devrait accorder plus d'attention aux faibles et aux impuissants qu'aux riches et aux puissants ; Parce que c'est une sorte d'injustice dont il devra répondre pour son comportement au Jour du Jugement. L'Imam Reza (a.s.) a dit : Tout musulman qui rencontre le pauvre et le salue, mais contrairement au salut qu'il adresse aux riches, il rencontrera Dieu le Jour de la Résurrection, alors que Dieu est en colère contre lui. Par conséquent, autant que possible, une personne doit aider les nécessiteux de toutes classes et sectes et ne pas échouer. À cet égard, l'Imam Reza (a.s.) dit dans une autre déclaration sur l'aide aux autres : Celui qui dénoue le nœud du travail d'un croyant et le rend heureux, Dieu dénouera également son travail lié le Jour du Jugement.

Une personne doit faire attention au fait que l'empathie et la camaraderie sont possibles même avec intention, et il n'est pas vrai qu'elle doive faire quelque chose elle-même, mais si quelqu'un fait quelque chose de bien ou de mal et en est satisfait, il sera également le les mêmes et bonnes actions seront faites. Et la mauvaise chose lui est également arrivée, car un seul des habitants de Saleh a traqué et tué Naqah, mais quand tout le monde en a été satisfait, Dieu les a tous punis. Par conséquent, veillons à ce que notre camaraderie avec les autres dans tout travail se réalise également avec empathie ; L'Imam Reza (a.s.) a dit : Une personne qui est absente de la scène de travail, mais qui est satisfaite de son travail (qu'il soit bon ou mauvais), est comme quelqu'un qui était présent sur les lieux de l'action et l'a accompli.

Selon l'Imam Reza (a.s), dans la pratique sociale, la piété la plus bénéfique est d'éviter de blesser les autres, en particulier les croyants. Il a été rapporté par l'Imam Reza (a.s.) : Sachez qu'aucune piété ni piété n'est plus bénéfique que d'éviter les interdictions de Dieu et d'éviter de tourmenter le croyant. Vous devez traiter avec de bonnes personnes et ne pas soulager les gens de notre mort. L'Imam Reza (a.s.) a dit à l'un de ses compagnons lors d'une visite : Il existe deux types de personnes : l'une est celle qui est soulagée par la mort. L’autre est que les gens sont soulagés de sa mort.

Le pardon

Un croyant doit être un mangeur halal et une personne indulgente. Il doit bénéficier lui-même des bénédictions de Dieu, les donner aux autres et avoir la charité et la charité.

Manger halal a des effets et des bénédictions dans ce monde, parmi lesquels l'Imam Reza (a.s.) a dit : Celui qui se contente d'un peu de richesse halal, ses dépenses seront légères, sa famille sera bénie, Dieu le bénira. La guérison du monde le rend voyant et le fait sortir du monde sain et sauf à Dar al-Salaam, le paradis.

De plus, le mangeur halal doit être indulgent ; Parce que la générosité est l'un des principes de l'Islam, Dieu a placé la charité dans les versets du Coran, notamment le verset 3 de la sourate Al-Baqarah, à côté de son culte. Ainsi, un croyant doit toujours être généreux et éviter l’avarice ; Parce que l'avare ne voit pas le bien dans sa vie. L'Imam Reza a dit : Une personne généreuse et généreuse mange de la nourriture des gens, pour qu'ils mangent de sa nourriture, mais un avare ne mange pas de la nourriture des autres, afin qu'ils ne mangent pas de sa nourriture.

Confiance en soi et estime de soi

Le style de vie que les gens ont choisi ces dernières années, ou plutôt dans lequel ils ont été pris, a amené les gens à se considérer comme faibles chaque jour lorsqu'ils regardent à l'intérieur d'eux-mêmes. Une personne qui peut ou non être immergée dans les joies du monde, mais dont la vie est pleine de profondes tristesses. Des dépressions généralisées peuvent prendre racine dans la vie d'une personne lorsqu'elle se sent faible et manque de confiance en elle. Lorsque nous étudions la biographie de l'Imam Reza, nous réalisons que c'est son estime de soi et sa force intérieure qui, malgré toutes les pressions qui ont été exercées sur lui, ont continué son chemin avec tant de force et de fermeté et n'ont pas plié les sourcils. L'Imam Reza a souligné le fait que l'homme est un être précieux à différents égards pour différentes personnes. Zakaria bin Adam dit : J'ai demandé à l'Imam Reza qu'un homme de Dhimma qui souffrait de pauvreté avait amené son enfant et lui avait dit : Mon enfant est à toi, nourris-le et il sera ton esclave. L'Imam a dit : Un homme libre ne peut pas être acheté et vendu, cela n'est pas digne de vous et ce n'est pas non plus permis au dhimmi. Prêter attention à la vérité de l'existence humaine est ce qui peut corriger notre style de vie d'aujourd'hui, plein de tensions et de faiblesses auto-créées.

Libre pensée et rationalité

Comme nous l'avons mentionné brièvement dans les lignes précédentes, l'Imam Reza avait l'habitude de débattre avec les mauvaises idées et cultures des opposants, et ils n'avaient pas peur d'y faire face, et ils ont essayé d'entrer dans cette confrontation avec une méthode consciente et sage. Concernant l'importance de la pensée et de la rationalité, l'Imam Reza dit : L'adoration n'est pas tant la prière et le jeûne, la véritable adoration consiste à penser à l'œuvre de Dieu Tout-Puissant [et aux secrets du monde de la création], ce qui la présente comme la vérité de l'adoration. et servir Dieu. La rationalité avec laquelle vous pouvez atteindre les vérités de l'existence, vérités qui sont aujourd'hui négligées par de nombreuses personnes.

On ne peut nier que dans la culture occidentale, afin de répondre autant que possible aux désirs des dirigeants du monde de l'incrédulité, des outils et des produits négligés ont été étendus autant que possible dans la vie des gens pour les faire entrer. dans une ivresse ignorante et enfin créer le terrain pour la conquête de chacun. Plus ils fournissent, donc la rationalité à laquelle l'Imam Reza invite les gens, sera sans aucun doute considérée comme la meilleure manière d'améliorer leur style de vie.

Référence:

-Shahr Razavi par Naeem Ahmadinejad Farsangi

-Nouvelles de Naeem Ahmadinejad Farsangi

-Histoires sonores de Naeem Ahmadinejad Farsangi

- Le héros de ma vie de Naeem Ahmadinejad Farsangi

MIX
Papier aus verantwortungsvollen Quellen
Paper from responsible sources
FSC® C105338

Printed by Books on Demand GmbH, Norderstedt / Germany